TABLEAUX

PAR

GUSTAVE COLIN

MARS 1884

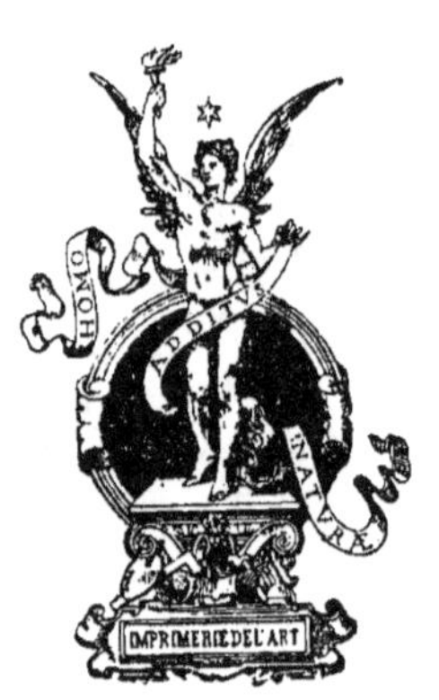
HOMO
ADDITVS
NATVRÆ
IMPRIMERIE DE L'ART

CATALOGUE

DES

TABLEAUX

PAR

GUSTAVE COLIN

DONT LA VENTE AURA LIEU

HOTEL DROUOT, SALLE N° 3

Le Jeudi 27 Mars 1884, à 3 heures précises.

Par le Ministère de **Me LÉON TUAL**, commissaire-priseur,

39, rue de la Victoire, 39

Assisté de **M. PAUL DÉTRIMONT**, expert,

27, rue Laffitte, 27

EXPOSITIONS

PARTICULIÈRE	PUBLIQUE
Le Mercredi 26 Mars 1884	*Le Jeudi, jour de la vente*
DE 1 HEURE A 5 HEURES.	DE 1 HEURE A 3 HEURES.

CONDITIONS DE LA VENTE

Elle sera faite au comptant.

Les adjudicataires payeront *cinq pour cent* en sus des enchères.

Paris — Imp. de l'Art, J. Rouam, 41, rue de la Victoire.

DÉSIGNATION

1 — *Lisière de forêt (Pays basque).*
Matin d'automne.

Haut., 61 cent.; larg., 73 cent.

2 — *Le Village de Villenave, près*
de Luz (Hautes-Pyrénées).

Haut., 5o cent.; larg., 65 cent.

3 — *Les Bains froids de Maisons-Laffitte.*

Haut., 55 cent.; larg., 65 cent.

4 — *Le Vieux Port, à Saint-Sébastien (Espagne).*

Haut., 38 cent ; larg., 55 cent.

5 — *Le Retour à la ferme.*

Haut., 54 cent.; larg., 64 cent.

6 — *La Mer ; temps de pluie.*

Haut., 32 cent.; larg., 41 cent.

7 — *La Chasse aux cailles dans les Pyrénées.*

Haut., 35 cent.; larg., 80 cent.

8 — *La Mer ; soir.*

Haut., 33 cent.; larg., 41 cent.

9 — *Un Verger à Ciboure (Basses-Pyrénées).*

Haut., 78 cent.; larg., 64 cent.

10 — *Un Quai à Pasajes (Guipuscoa).*

Haut., 29 cent.; larg., 27 cent.

11 — *Le Chemin du château, à Pasajes.*

Étude pour le tableau du Musée de Pau.

Haut., 39 cent.; larg., 57 cent.

12 — *Le Pont de Socoa, près Saint-Jean-de-Luz.*

Haut., 38 cent.; larg., 1 m. 55 cent.

13 — *L'Automne dans les bois.*

Haut., 50 cent.; larg., 65 cent

14 — *Les Bords de la Nivelle au crépuscule.*

Haut., 35 cent.; larg., 56 cent.

15 — *Le Gave à Cauterets.*

> Haut., 34 cent.; larg., 40 cent.

16 — *Le Quartier de Bonanza, à Pa-sajes ; temps de pluie.*

> Haut., 32 cent.; larg., 40 cent.

17 — *Le Gave de Pau, à Gèdre (Hautes-Pyrénées).*

> Haut., 26 cent.; larg., 41 cent.

18 — *La Sortie de Barèges, du côté du Tourmalet.*

19 — *La Nive à Itsatsou (Basses-Pyré-
nées).*

Haut., 3o cent.; larg., 46 cent.

20 — *Pasajes, Saint-Jean; matin d'orage.*

Haut., 27 cent.; larg., 38 cent.

21 — *Le Quai de la Place, à Pasajes
(midi); août.*

Haut., 27 cent.; larg., 35 cent.

22 — *Les Roches de Bonansa, à Pasajes.*

Haut., 65 cent.; larg., 81 cent.

23 — *Le Mont Viscos, vu du mamelon vert à Cauterets.*

Haut., 27 cent.; larg., 42 cent.

24 — *Le Goulet de Pasajes; mer basse.*

Haut., 27 cent.; larg., 44 cent.

25 — *Paysage à Orrouy (Oise).*

Haut., 32 cent.; larg., 41 cent.

26 — *Maisons de Ciboure (Basses-Pyré-nées).*

Haut., 31 cent.; larg., 42 cent.

27 — *Bateaux de pêche au chantier.*

Au fond, la ville de Saint-Jean-de-Luz.

Haut., 32 cent.; larg., 41 cent.

28 — *La Mer le matin en automne.*

Haut., 33 cent.; larg., 40 cent.

29 — *Le Mont Sécunac, à Gavarnie.*

Haut., 32 cent.; larg., 41 cent.

30 — *Récolte du maïs dans le pays basque.*

Haut., 27 cent.; larg., 41 cent.

31 — *La Place de Pasajes.*

Étude faite pour la course de Novillos
du musée d'Arras.

Haut., 51 cent.; larg., 70 cent.

**32 — *Lavoir dans les montagnes de
Pasajes.***

Haut., 50 cent.; larg., 60 cent.

**33 — *Les Vieux Murs de Fontarabie
(Guipuscoa).***

Haut., 28 cent.; larg., 36 cent

34 — *Bois de châtaigniers à l'automne.*

Haut., 27 cent.; larg., 42 cent.

35 — *Chaumière aux environs d'Arras.*

Haut., 22 cent.; larg., 41 cent.

36 — *Les Bords de l'Indre près La Châtre. (Printemps.)*

Haut., 26 cent.; larg., 46 cent.

37 — *Marée montante.*

Haut., 31 cent.; larg., 41 cent.

38 — *Chaumières près de Gèdre.*

Au fond, les premières montagnes du Marboré.

Haut., 26 cent.; larg., 43 cent.

39 — *La Vieille Digue de la Marine, à Fontarabie; effet du soir.*

Haut., 22 cent.; larg., 40 cent.

40 — *Bateaux pêcheurs du golfe de Gascogne.*

Haut., 37 cent.; larg., 41 cent.

41 — *Le Chemin de ronde à Fontarabie.*

Haut., 31 cent.; larg., 43 cent.

42 — *La Gorge de Campbiell, près Gèdre.*

Haut., 46 cent.; larg., 39 cent.

43 — *Retour de la pêche au thon.*

Haut., 5o cent.; larg., 6i cent.

44 — *La Plage de Hendaye (Basses-Pyrénées).*

Haut., 28 cent.; larg., 4i cent.

45 — *Marin basque.*

Haut., 33 cent.; larg., 2i cent.

46 — *La Mer à Étretat.*

Haut., 19 cent.; larg., 27 cent.

47 — *La Seine à Honfleur.*

Haut., 15 cent.; larg., 28 cent.

48 — *L'Entrée de la rade, à Pasajes,*
l'été.

Haut., 32 cent.; larg., 40 cent.

49 — *La Mer ; temps de grains.*

Haut., 26 cent.; larg., 40 cent.

50 — *L'Arrière-port à Pasages ; été ,*
jour de pluie.

Haut., 21 cent.; larg., 47 cent.

51 — *La Scarpe à Arras.*

52 — *La Porte de l'église « del Christo »,*
à Pasages.

Haut., 51 cent.; larg., 38 cent.